Revisionsberetning

Carl Nielsens Fantasistykke i g-moll for B-klarinet og klaver (FS 3h) findes i blæk-autograf i Carl Nielsens Samling på Det kongelige Bibliotek i København (C.II, 10, 1957-58. 1003. 2°; klaverstemme 2 sider og klarinetstemme 1 side; se gengivelsen på side 8). Både den musikalske stil og håndskriften viser, at kompositionen er et af Carl Nielsens tidlige værker; sandsynligvis stammer det fra Carl Nielsens første tid i Odense som regimentsmusiker, altså fra omkring 1881. Det udgives her for første gang. Klarinet- og klaverstemme er ved udgivelsen skrevet sammen i partitur. Åbenbare udeladelser og fejl er korrigeret, og stykket er forsynet med takttal. Endvidere bemærkes følgende:

Dedikation:
Hr. M. Hansen er sandsynligvis enten Mads Hansen (f. 1840), der var musiker ved 16. Bataillon i Odense 1866–1881, fra 1867 som Spillemand III; eller Hans Marius J. C. Hansen (f. 1862), der var ansat som Spillemand V ved 16. Bataillon i Odense fra 1876, og som overflyttedes til 6. Regiments stab i 1880 samtidig med Carl Nielsen.

Motto:
Med tydelig parallel til mottoet på Niels W. Gades ouverture »Efterklang af Ossian«, op. 1, har Carl Nielsen anført Uhland-citatet på forsiden af klaverstemmen; mottoet er dog anført på dansk, og anden linie er næsten udvisket.

Takt 1, klaver:
Andante cantabile tilføjet.
Takt 17, klaver:
Bindebue tilføjet i venstre hånd.
Takt 31b, klaver:
ff tilføjet.
Takt 32a, klarinet:
p dolce tilføjet.
Takt 35, klaver:
Allegro agitato tilføjet.
Takt 37, klaver:
Fortegn ♭ slettet i venstre hånds øverste node.
Takt 39, Klaver:
mf tilføjet.
Takt 40, klaver:
Fjerdedelspause på fjerde taktslag tilføjet i venstre hånd.
Takt 43, klaver:
Venstre hånds tredie node rettet fra es til d.
Takt 50, klaver:
ff tilføjet.

København, den 18. maj 1981.

Torben Schousboe.

Editorial notes

Carl Nielsen's ink autograph for his Fantasy in G minor for clarinet in B♭ and piano (FS 3h) is part of the Carl Nielsen Collection at The Royal Library in Copenhagen (C.II, 10, 1957-58. 1003. 2°; Piano part: 2 pages, Clarinet part: 1 page; see the reproduction on page 8). Both the musical style and the handwriting show the composition to be one of Carl Nielsen's early works, probably from his first year at Odense as a regimental musician, i.e. from about 1881. In this first edition of the piece, the parts for clarinet and piano have been joined together in score. Obvious omissions and errors have been corrected, and bar numbers have been added. Further points of revision are:

Dedication:
The dedicatee is probably either Mads Hansen (b. 1840), who was a military musician at the 16th battalion at Odense 1866–1881, from 1867 as Musician III; or Hans Marius J. C. Hansen (b. 1862), who was employed as Musician V at the 16th battalion in Odense from 1876 and was transferred to the staff of the 6th regiment in 1880 together with Nielsen.

Motto:
As a clear parallel to the motto of Niels W. Gade's overture »Efterklang af Ossian«, op. 1, Carl Nielsen has written the Uhland quotation on top of the piano part. However, the motto is quoted in Danish, and the second line has been nearly erased.

Bar 1, piano:
Andante cantabile added.
Bar 17, piano:
Slur added in left hand.
Bar 31b, piano:
ff added.
Bar 32a, clarinet:
p dolce added.
Bar 35, piano:
Allegro agitato added.
Bar 37, piano:
An accidental ♭ deleted before upper note in left hand.
Bar 39, piano:
mf added.
Bar 40, piano:
Crotchet rest added on fourth beat in left hand.
Bar 43, piano:
Third note in left hand corrected (d instead of e flat).
Bar 50, piano:
ff added.

Copenhagen, the 18th of May, 1981.

Torben Schousboe.

- Tilegnet Hr. M. Hansen -

Formen har mig ikke bunden
.... hedder Poesi

FANTASISTYKKE
Fantasy

Carl Nielsen

CARL NIELSEN

Fantasistykke
for klarinet og klaver
(ca.1881)

Fantasy
for clarinet and piano
(ca.1881)

Udgivet af

Edited by

Torben Schousboe

Edition Wilhelm Hansen, Copenhagen

FANTASISTYKKE
Fantasy

CLARINET IN B♭

Carl Nielsen

29642

Øverste del af Carl Nielsens blæk-manuskript, klaverstemme.
Upper half of Carl Nielsen's ink manuscript, piano part.

Øverste del af Carl Nielsens blæk-manuskript, klarinetstemme.
Upper half of Carl Nielsen's ink manuscript, clarinet part.

29642